INDUSTRIES COMPARÉES

DE

PARIS ET DE LONDRES.

Paris. — Typographie de Firmin Didot frères, rue Jacob, 56.

INDUSTRIES COMPARÉES

DE

PARIS ET DE LONDRES,

TABLEAU PRÉSENTÉ,

LE 4 JANVIER 1852,

par

LE BARON CHARLES DUPIN;

DANS LA SÉANCE D'OUVERTURE DU COURS DE GÉOMÉTRIE APPLIQUÉE A L'INDUSTRIE ET AUX BEAUX-ARTS, AU CONSERVATOIRE NATIONAL DES ARTS ET MÉTIERS.

PARIS,

LIBRAIRIE DE FIRMIN DIDOT FRÈRES,

IMPRIMEURS DE L'INSTITUT,

RUE JACOB, 56.

1852.

INDUSTRIES COMPARÉES

DE

PARIS ET DE LONDRES.

Messieurs,

Il y a déjà trente-deux ans que l'enseignement du Conservatoire a commencé de répandre ses bienfaits sur l'industrie de Paris et de la France. Des jours bons et mauvais se sont succédé bien des fois dans cet intervalle de temps, et jamais, excepté trois mois, il y a quatre ans, nos cours n'ont cessé d'attirer la même affluence d'amis paisibles du progrès des arts et du bien-être des peuples.

A chaque ouverture de notre enseignement, j'ai tâché de saisir quelque vérité nouvelle, importante à féconder, à propager, ou quelque antique vérité nécessaire à remettre en lumière, pour éclairer l'esprit des classes laborieuses et tirer un noble parti des bons sentiments que la nature a semés dans leurs cœurs.

Aujourd'hui se présente une occasion précieuse qui permettra de frapper votre attention par les résultats réunis de l'étude et du travail, afin d'élever au plus haut point les nations pour qui la Providence a témoigné le plus sa libéralité.

Mais, avant tout, permettez-moi de vous donner quelques idées sur l'objet spécial que, depuis tant d'années, je me suis proposé d'atteindre par mon cours : c'était d'abord l'application de la géométrie et de la mécanique à l'ensemble des arts. Un tel cadre était trop vaste. On en a séparé la mécanique industrielle, aujourd'hui professée par un des hommes dont les travaux théoriques, unis à l'expérience, en ont reculé les limites : c'est mon honorable et célèbre ami, M. le colonel Morin.

Je me suis réservé simplement pour la géométrie des arts, telle que je l'ai conçue. C'est avant tout la connaissance élémentaire des mesures de l'étendue et de leurs rapports. Mais à côté de ces mesures, qu'après avoir démontrées on réduit en pratiques réglées, faciles, constantes, et je dirais presque mécaniques, quel champ plus vaste et plus important ne s'offre-t-il pas à nous !.....

Dans la géométrie scientifique tout est idéal, absolu, indépendant de la matière, même quand on opère sur la réalité des corps. Les définitions du géomètre portent en elles une perfection qui nulle part n'existe dans les œuvres de l'homme.

Mais, lorsque nous quittons ces régions où la raison la plus rigoureuse emprunte tout à la fiction scientifique, nous ne trouvons plus dans la réalité de l'industrie que des à peu près qui s'approchent plus ou moins de la limite des imperfections inévitables : limite posée par les formes abstraites, que définit la géométrie rationnelle.

Quand nous nous transportons au milieu des arts afin d'examiner, d'une part, les corps qu'ils emploient, outils ou machines; de l'autre, les corps qu'ils travaillent et qui deviennent les produits de l'industrie, tout nous oblige à constater l'existence forcée de ces à peu près qui marquent de leur cachet l'imperfection, l'impuissance des travaux de l'homme. En même temps, nous reconnaissons avec bonheur qu'il existe une infinité de degrés dans cet approchement par l'art de la rigueur absolue des définitions géométriques. Nous remarquons, chez les peuples à peine sortis de l'enfance, une distance extrême et déplorable entre cette rigueur absolue des formes qu'il faut chercher à produire, et les résultats obtenus. Nous découvrons que par degrés cette distance diminue à mesure que notre industrie s'avance. Nous cheminons ainsi de proche en proche jusqu'au terme où les différences entre les formes industrielles et celles de la géométrie scientifique absolue échappent à ceux de nos sens dont les facultés sont géométriques : je veux dire aux sens de la vue et de l'ouïe.

Ces deux sens sont pour nous des instruments, je dirai presque mathématiques. L'œil mesure la grandeur et la figure des objets, les distances qui les séparent, et les angles qu'ils forment entre eux.

L'ouïe mesure les sons dans leur durée, leur intensité, leur élévation. Ils sont réduits, par le moyen du métronome, aux unités d'un instrument géométrique; en même temps l'usage donne à l'oreille le sentiment de la durée, sans consulter d'instrument.

On représente les sons en écrivant les notes de la musique sur des lignes parallèles, de la même manière que le géomètre détermine la position des points par des coordonnées horizontales et verticales. Avec un pareil secours, l'œil sert d'indicateur et de guide à l'oreille.

Dans ces opérations, dans ces mesures, l'œil et l'ouïe opèrent avec une imperfection d'abord très-grande, mais qui diminue par degrés lorsqu'un enseignement habile vient au secours de la nature.

Ce perfectionnement géométrique de nos sens est d'un avantage infini pour le progrès des plus simples industries, comme des plus relevées ; surtout à l'égard du sens de la vue.

Je vais plus loin, et je dis : dans les beaux-arts qui font le plus d'emprunts à l'imagination, le dessin, la peinture, la sculpture et la gravure, ces délicatesses exquises de la forme qui semblent échapper à toute mesure matérielle et n'appartenir qu'au génie, la géométrie les réclame encore ; c'est de la géométrie d'un ordre supérieur, qui saisit des rapports réels, délicats, merveilleux, présentés par la nature, sans que le vulgaire en soupçonne la finesse. Voilà ce qui donne un prix inestimable aux leçons des grands maîtres qui savent découvrir de tels rapports, et dont l'esprit est assez analytique pour se rendre un compte précis de leurs perceptions et de leurs jugements les plus instinctifs.

Qu'il me soit permis de descendre de ces hauteurs pour arrêter votre pensée sur le plus simple des arts graphiques, afin de vous montrer ce qu'on y fait et ce qu'on pourrait y faire.

Quoi de plus élémentaire que d'apprendre à tracer les vingt-quatre figures si simples, qui sont les vingt-quatre lettres de notre alphabet? Cependant les premières lettres que trace l'enfant ne ressemblent pas plus aux formes consacrées, que ses têtes de bonshommes, crayonnées sur un mur, ne ressemblent à l'homme même.

Nous sommes bien fiers de notre instruction élémentaire! Cependant nos écoles primaires enseignent encore plus lentement la lecture et l'écriture, que nos colléges n'enseignent le grec et le latin, dont l'étude ne finit pas. Voyez les résultats auxquels la France parvient : pour entretenir dans nos écoles primaires trois millions d'élèves, nous dépensons plus de trente millions de francs. Cela posé, lorsqu'on examine les jeunes gens de vingt à vingt-un ans qui savent écrire, on n'en trouve pas tout à fait deux cent mille. C'est-à-dire, valeur moyenne, que le gigantesque établissement de notre instruction primaire nécessite quinze années pour la durée moyenne que mettent les élèves mâles afin de savoir lire et écrire.

Et les maîtres prodigieux qui s'élèvent à ce résultat nous semblent si phénoménaux, qu'on les proposait, il y a quatre ans, pour législateurs de la France perfectionnée !

Voulons-nous changer la face de notre enseignement primaire ? Introduisons la géométrie dans l'écriture, comme les habiles maîtres l'introduisent dans le dessin. Faisons distinguer à l'élève la figure d'une ligne droite et celle d'un cercle ; formons son œil à juger les directions qui sont parallèles et celles qui ne le sont pas ; indiquons-lui comment toutes les lignes d'écriture doivent être dirigées suivant de grandes parallèles, et les jambages des lettres suivant d'autres petites parallèles, toutes formées de parties égales ; et comment les courbures des lettres doivent être d'égales dimensions. Allons plus loin : faisons-lui voir comment il faut que l'imagination et l'esprit travaillent, même quand on écrit l'*a*, *b*, *c*, pour que cet *a*, *b*, *c* ressemble à quelque chose; comment il faut que l'image de la lettre soit dessinée dans notre tête et jetée par notre œil sur le papier, avant que la main suive cet invisible tracé de l'intelligence. Faites en sorte que l'élève apprenne à voir, à penser en écrivant, au lieu de griffonner comme une machine ; il emploiera moins de mois, à beaucoup près, qu'il ne perd aujourd'hui d'années, à tracer, à lier des lettres et des chiffres.

Le sens géométrique de la vue, qui nous aide à faire bien et rapidement des chiffres, des lettres et des dessins, peut nous aider à faire des meubles, des maisons, des palais, des machines, des outils et des instruments. Il peut nous apprendre à les exécuter avec une perfection de plus en plus grande, si nous enseignons aux ouvriers, aux artisans, à ne pas seulement mettre en jeu leurs bras et leurs mains ; mais à travailler de plus haut, avec l'œil, avec la pensée, avec l'imagination.

L'habile emploi de nos sens et de nos facultés intellectuelles, pour guider notre travail manuel, peut servir à juger aussi l'objet produit. Si le juge a la vue et l'imagination plus exercées que l'ouvrier, il va découvrir à l'instant même, dans l'œuvre de celui-ci, les imperfections, les défauts qui s'y trouvent : tel doit être le maître d'atelier et le chef de manufacture.

Notre enseignement a donc pour but de former à la fois, et par les mêmes moyens, les ouvriers et leurs supérieurs.

Dans l'année 1848, un singulier esprit d'égalité régnait chez les Solon de l'industrie ! Ils ne concevaient pas qu'un atelier pût avoir besoin d'un chef: c'était de la servitude. On ne voulait donc plus de maîtres, plus de patrons, à moins de tirer au sort ces privilégiés de l'enclume et de l'établi. Hélas ! il aurait fallu seulement que l'aveugle destin donnât à l'ouvrier médiocre ou mauvais, porteur du billet heureux, le talent dont il manque le plus : celui de la vue, prédisposée par la nature et perfectionnée par l'étude. Faute de ce talent, le directeur choisi par le sort aurait aussi peu discerné les imperfections dans la forme des produits exécutés sous ses ordres, que l'enfant qui figure des yeux, des nez avec des points, et des têtes avec des ronds, sans imaginer à quel degré ses ébauches diffèrent de la nature.

C'est déjà le propre d'une industrie très-avancée que de savoir reproduire avec fidélité les formes, quelles qu'elles soient, des modèles qu'on nous présente. Tel est le talent des Chinois, qui pourtant restent stationnaires depuis deux à trois mille ans.

Mais ces modèles eux-mêmes sont-ils aussi parfaits qu'ils pourraient l'être? Leur configuration est-elle appropriée à l'usage des objets qu'ils représentent? La nécessité, la convenance et l'utilité consultées, ne peut-on pas aller plus loin? Parmi toutes les figures qui satisfont à ces conditions premières, n'en existe-t-il point qui parlent à notre imagination, qui nous plaisent, qui nous enchantent? Ces formes n'ont-elles pas des rapports secrets avec nos idées et nos sentiments? les unes qui s'associent aux pensées graves, d'autres aux pensées gracieuses, d'autres aux pensées légères? En un mot, le goût, la beauté n'ont-ils pas des conditions, des mystères que la géométrie puisse deviner, et dont elle sache expliquer les conditions?

Oui, Messieurs, c'est ce que peut la géométrie; soit qu'elle explique les effets de la variété, de la monotonie, et des contrastes raisonnés, puis les conditions de l'égalité, de la similitude et de la symétrie dans les positions, dans les contours et dans les courbures; soit qu'elle démontre les lois de la perspective linéaire et de la perspective aérienne, ou l'accusé des distances par le jeu de l'atmosphère dans les dégradations de la forme, et des ombres, et des couleurs; soit qu'elle explique, enfin, quel autre jeu de lumière, dans la représentation des objets, caractérise et révèle le mouvement où l'immobilité; l'insensibilité de la matière, et la vie même de l'être qui repose ou qui sommeille, et la vie de l'être qu'animent des passions exprimées par le langage des formes et des couleurs. La géométrie peut tout cela; elle peut même expliquer le goût et la beauté des formes qui n'ont rien de rigoureusement défini, comme les lois du tracé des jardins naturels que l'on appelle jardins anglais.

On peut apprendre aux artistes, aux ouvriers d'un pays entier à bien juger de la beauté des formes, non-seulement pour l'objet particulier que produit une industrie, mais pour les objets qui tombent sous les yeux de tout le monde. Voulons-nous élever l'intelligence du peuple? donnons-lui le sentiment de la perfection, de la beauté; montrons-lui, par exemple, lorsque le dimanche il parcourt nos places publiques, comment il pourra juger par lui-même pourquoi tel grand édifice paraît médiocre, petit, mesquin ; pourquoi tel autre, quoique petit par ses dimensions, est rendu grandiose par l'art des proportions ; comment l'un impose par l'ensemble, comment l'autre plaît par les détails. Tout cela peut s'enseigner sans pédantisme, avec des notions simples, claires, palpables, tirées des combinaisons du cercle et de la ligne droite, maniés par le goût et la géométrie.

Aucun peuple moderne, comme le peuple français, n'est susceptible de porter au plus haut degré le sentiment artistique révélé par des instincts admirables.

Il y a déjà cinquante-cinq ans, une armée conduite en Égypte, vers le Nil supérieur, débouchait dans la plaine de Memphis. A la vue de ces grandes formes géométriques, inventées par l'architecture au temps de Sésostris; à la vue de ces pylônes en trapèzes gigantesques, de ces colonnes puissantes, et de ces pyramides qui lancent vers le ciel leur élégante hardiesse, tout cela debout, majestueux et conservant son harmonie depuis trois mille ans; à la vue de ces merveilles, comme à l'audition du sublime de Corneille un jour de théâtre gratis, des officiers, des soldats, transportés à la fois d'un enthousiasme électrique, font retentir le désert de bravos, d'applaudissements inspirés par l'instinct du goût et par le génie de la civilisation. Ces soldats, ces officiers, ce n'étaient ni les Perses de Cambyse, ni les Arabes d'Omar, ni les Anglais débarqués par la Compagnie des Indes ; c'étaient les conscrits de la France.

Ils étaient pourtant aussi les conscrits de l'art et du goût. Mais instruisez les mêmes hommes; expliquez-leur la raison de leur enthousiasme ; étendez, perfectionnez l'application de leur goût naturel, pour le transporter chacun dans la pratique de son industrie : alors vous serez émerveillés de la supériorité nouvelle qui résultera d'un tel enseignement chez le plus athénien de tous les peuples modernes.

Voilà, messieurs, ce que depuis trente ans nous nous sommes efforcé de faire par nous-mêmes, et de propager au dehors du Conservatoire, par nos élèves et par les élèves de nos élèves.

Ce n'est pas à nous qu'il appartient de dire si nos leçons ont porté quelque fruit avantageux pour les ouvriers, pour les maîtres et pour le pays. Nous avons eu seulement ce désir et cette espérance, que nous avons aimée comme on aime le bien public.

Ce que nous avons essayé de faire par l'enseignement de la géométrie des arts, d'autres professeurs l'ont fait avec un admirable succès, ici, au Conservatoire, pour les autres sciences utiles, pour la mécanique, la physique, la chimie et l'agronomie, pour l'économie et la législation industrielles. La renommée de tels collègues est européenne, et ma faible voix n'y saurait rien ajouter.

A présent, permettez-moi de vous montrer à l'œuvre la nouvelle génération industrielle de la France, telle que l'ont instruite et développée les efforts des maîtres illustres dont je viens de rappeler les travaux.

Au printemps de 1850, lorsque nous sortions à peine d'une effroyable tourmente, lorsque la richesse française, à demi rassurée, commençait à faire revivre les arts et rendait du pain aux ouvriers, voyez ce qui se passait. L'Angleterre, qui depuis cinquante ans avait dédaigné nos Expositions de l'industrie, elle qui les avait raillées comme les joujoux d'un peuple léger et vain, l'Angleterre imagine que l'instant est propice de s'approprier ce qui lui semblait vanité chez autrui, pour en faire ce qui, chez elle, lui semblera de la grandeur.

Ce ne sont pas seulement les produits de son industrie nationale qu'elle juge, non plus frivole, mais sérieux de réunir ; ce sont les produits de toutes les nations qu'elle somme de se rendre à Londres, pour l'Exposition universelle.

Il ne faut pas vous figurer que cette idée, devenue si soudainement britannique, pût être à l'instant acceptée par toutes les nations, étonnées, incertaines, méfiantes. Les autres États firent ce qu'ils font d'ordinaire quand apparaissent les grandes innovations : leurs yeux se tournèrent vers nous, et les peuples se demandèrent : Que fera la France ?

En France même, au premier moment, l'opinion ne fut pas unanime. Il semblait aux uns que l'Angleterre, envahissant notre terrain, nous ravissait notre gloire naturelle : comme elle a pris nos colonies, quand nous les avons fécondées. Il nous semblait qu'après un demi-siècle d'Expositions françaises imitées par l'Espagne, les Pays-Bas, la Prusse, la Bavière, l'Autriche et la Russie, c'était à nous qu'il appartenait de faire ce nouveau pas. On en avait eu l'idée, qu'on avait proposée dès 1845; on l'eût accomplie en 1849, si l'ébranlement des industries n'avait pas été, depuis un an, trop général et trop profond. Mais l'année d'après, dès 1850, étions-nous bien en mesure de lutter contre ces trois royaumes qui, depuis cent soixante ans, ont conservé la paix intérieure, garantie par l'Océan contre l'invasion des armes et contre la perturbation issue des théories continentales?

Il y avait là certainement de quoi faire hésiter la prudence, mais non pas de quoi faire reculer le courage et renoncer à l'honneur du combat. La France, sans songer à ses blessures saignantes encore, annonça qu'elle acceptait la lutte, et les autres États s'empressèrent de nous imiter.

Nous voici donc invitant nos concitoyens, ceux qui dans toutes les carrières ont reculé les bornes de l'industrie, les appelant au concours, et leur demandant leurs ouvrages, tels qu'ils sont, sans charlatanisme, sans efforts extraordinaires, sans chefs-d'œuvre de circonstance.

Hélas! à d'autres époques ces ouvrages auraient

été bien plus nombreux et plus splendides. Mais d'abord il fallait ôter de notre liste d'exposants tous ceux qui, pendant trois années de crédit vacillant, et tour à tour abattu, écrasé, puis à demi relevé, avaient fini par succomber et voir leurs noms rayés des listes du commerce. Il fallait ôter ensuite ceux qui, faisant encore honneur à leurs affaires, étaient si près de leurs dernières ressources, qu'un sacrifice nouveau, tel que les apprêts d'une exposition d'outre-mer, devenait au-dessus de leurs moyens. J'en ai connu, de ces derniers, qui, dans les Expositions de 1844 et même de 1849, avaient mérité la médaille d'or et la décoration de la Légion d'honneur, et qui, n'ont pas pu venir, épuisés qu'ils étaient en 1851, pour disputer la palme qu'ils auraient obtenue certainement, s'ils avaient offert au concours les produits exquis de leur industrie si perfectionnée.

Voilà comment, nous, qui comptions cinq mille industriels à notre dernière Exposition, même en y joignant les nouveaux arrivants que nous avons recrutés pour remplir de tristes vides, nous n'avons pas pu présenter à Londres plus de mille sept cent quarante concurrents ; tandis que les trois royaumes unis, l'Angleterre, l'Écosse et l'Irlande, avec leurs colonies nombreuses et florissantes, en ont présenté plus de neuf mille, favorisés qu'ils étaient par les commandes d'un commerce de quatre milliards par année.

Pour recevoir les produits des dix-huit mille exposants de toutes les nations, on avait préparé le fameux palais de cristal, dont il faut vous donner l'idée. Imaginez que, du pavillon principal des Tuileries jusqu'au bassin du grand jet d'eau, l'on élève un palais de fer et de verre, large comme trois fois la vaste allée qui dessine si noblement le jardin de Lenôtre : voilà pour sa superficie. Voulez-vous maintenant avoir une idée de la hauteur ? Les Anglais, fanatiques pour les arbres séculaires de leur plus grand parc métropolitain, ont fait une loi de les respecter. L'architecte, un jardinier, les a considérés comme des arbrisseaux de serre. Par dessus leur tête il a jeté son demi-cercle de cristal ; et quand vous entrez dans la nef transversale, vous avez peine à vous dire : Mais ce ne sont pas seulement des arbustes d'une taille distinguée, combinés sans disparate avec les produits de tous les arts ; ce sont les colosses de la végétation, semblables aux rosnis plantés dans nos forêts et devant nos églises, il y a deux siècles et demi, par le ministre d'Henri IV.

Comme les Anglais ont fourni plus de la moitié des exposants, ils ont pris pour eux plus de la moitié de l'espace : c'était justice. Comme nous étions peu nombreux, je dis peu nombreux pour la richesse de la France, on nous a disputé l'espace; un peu trop, je l'avoue. Mais, par cela même, on nous a rendu les services que la mesure des vers rend à la poésie. En rétrécissant le local réservé pour nous, on a rendu plus puissante l'impression de nos chefs-d'œuvre sur l'imagination des spectateurs.

Les difficultés d'ordonnance étaient délicates et nombreuses; le zèle et l'intelligence du commissariat français, habilement dirigé par M. Sallandrouze de la Mornaix, les ont vaincues avec bonheur.

Je commencerai par rendre un sincère hommage à la grandeur, je dirai presque à la majesté de l'exposition anglaise. Rien ne pouvait montrer sous un aspect plus vaste et plus complet les ressources de génie et les prodiges de travail qui sont le propre du puissant empire britannique.

La moitié du palais n'ayant pas été suffisante pour l'Angleterre, elle avait doublé l'une des ailes par une galerie collatérale dont la largeur était énorme. C'était là qu'on faisait, si je puis parler ainsi, respirer et travailler la puissance productive de la Grande-Bretagne : ses machines à vapeur, ses machines hydrauliques, ses grands métiers mécaniques pour carder, filer, tisser, à raison de trois milliards de produits par an; et beaucoup d'autres mécaniques perfectionnées depuis un certain temps dans ce pays.

Néanmoins cette galerie ne comprenait pas les appareils si puissants et si variés des chemins de fer : rails, locomotives, tenders et wagons; ni les voitures de toute sorte, depuis le chariot le plus pesant jusqu'au cabriolet le plus élégant, jusqu'à la berline la plus somptueuse.

Cette galerie ne comprenait pas non plus les instruments d'agriculture, si nombreux, si parfaits, mais si coûteux en Angleterre. Dans ce pays on essaye déjà de labourer à la vapeur ! Mais, en supprimant l'agriculteur, on dépeuple de citoyens les campagnes pour les peupler de machines. Je laisse aux hommes d'État à juger si l'émigration sans bornes qui s'ensuit fait aussi partie du progrès national....

J'abuserais de votre patience et j'absorberais tout le temps qui me reste dans cette séance d'ouverture, si je passais de salle en salle, pour énumérer tout ce que l'Angleterre a présenté d'opulent, de solide ou d'ingénieux dans les diverses industries. Il me suffit que j'aie tâché de vous donner une idée juste de sa puissance productive.

Il est temps de nous tourner du côté des autres nations, et surtout de la France. Lorsqu'on entrait au palais de cristal par sa nef transversale du midi, puis qu'on s'avançait jusqu'au centre de l'édifice, à gauche on voyait les produits du Royaume-uni, à droite ceux du reste de l'univers : le tout développé des deux côtés de la grande nef orientale. L'immense croix formée par les deux nefs grandioses présentait la forme générale et la majesté d'aspect d'une cathédrale six fois aussi spacieuse que Notre-Dame de Paris.

Du côté des nations non britanniques, en avant, au milieu, et comme pour imposer à toutes par l'excès de la richesse, une compagnie de marchands anglais qui possède en Orient cent trente millions de sujets, Sa Majesté la Compagnie des Indes, avait cherché dans son garde-meuble pour y découvrir quelque objet ayant de la valeur. Elle avait trouvé le Koh-y-noor : un diamant dont le nom veut dire *la montagne de lumière*, et dont le prix est estimé par les connaisseurs à cinquante millions de francs. Une valeur si fabuleuse, dans un objet d'aspect assez ordinaire, était pour la multitude l'objet d'une admiration perpétuelle.

La France obtient aussi ses attroupements de spectateurs, à l'exemple du Koh-y-noor. Un premier objet saisit la vue lorsqu'on vient du diamant monstre, c'est la vitrine avancée de M. Lemonnier. Elle renferme une parure de reine en pierres précieuses, en diamants, dont les plus gros n'excèdent guère une fève, et dont les plus petits, avec des dégradations pleines d'élégance comme des grappes d'étincelles électriques, finissent par ces infiniment petits que l'artiste appelle avec dédain la poussière de diamant. Diadème, collier, bracelets, tout est monté par fleurons, par bouquets, sur des tiges si flexibles que le seul frémissement du pas des visiteurs les fait vibrer avec leurs milliers d'étincelles et leurs rayons groupés en faisceaux lumineux d'une élégance et d'un éclat inexprimables.

Voilà le prix que l'art français sait ajouter aux plus précieux des métaux et des pierres gemmes.

A l'extrémité de la même ligne nationale, autre rassemblement qu'attire une nouvelle magie française. Des chiffons, des découpures de tissus aux mille couleurs, servent à faire des fleurs qu'en vérité je calomnie quand je les nomme artificielles. Ce n'est pas seulement l'apparence qu'elles en ont, c'est la structure et je devrais presque dire la physiologie fidèle. Il y a là des plantes tout entières dans la grâce de leur printemps; d'autres déploient une beauté prête à s'épanouir dans tout l'éclat de leur été; d'autres, la tête penchée, reproduisent les couleurs faiblissantes et la mélancolie de l'automne avancé : c'est un parterre tout entier, pareil à celui que Milton rêvait pour son *Paradis perdu*. Tels sont les chefs-d'œuvre de M. Constantin.

Cette séance ne suffirait pas si je voulais vous

signaler tous les rassemblements exceptionnels qui se formaient et se renouvelaient sans cesse devant les œuvres brillantes de nos exposants du premier ordre, qui certes n'étaient pas tous, comme les Érard, les Sax, les Lemire, les Matifat et les Ringuet-le-Prince, exposés sur la ligne privilégiée de la nef principale. Les autres ne causaient que plus de surprise et d'admiration, lorsque le spectateur les découvrait au fond des allées transversales, où s'étalait le plus grand nombre des merveilles de l'industrie de Paris.

Telle était, par exemple, la montre de M. Froment Meurice, où tant de tributs splendides, commandés pour satisfaire à des sentiments de reconnaissance publique, entouraient la pièce principale qui devait surtout remporter le prix. Cette pièce présentait quatre déesses qui surmontaient un globe céleste porté par quatre tritons. Ce grand travail faisait voir jusqu'à quel degré nous avons porté l'art de repousser l'argent, pour atteindre la perfection de l'art statuaire.

Telle était d'un autre côté, dans un enfoncement qui servait de péristyle à notre vrai *musée des beaux arts industriels*, une statue que M. Pradier, notre Praxitèle, a bien voulu n'appeler que *Phryné*, quoiqu'elle ait la beauté de Vénus même, et nous révèle un feu sacré que le ciseau du génie fait circuler sous l'épiderme d'un marbre animé. Le grand jury de toutes les nations, d'accord avec le public enthousiaste, a placé cet ouvrage au premier rang des chefs-d'œuvre de sculpture envoyés pour décorer l'Exposition universelle.

Je voudrais que la statue à laquelle la France doit un si grand honneur fût placée dans notre Musée national, avec une inscription qui rappellerait notre victoire artistique.

Permettez-moi de revenir maintenant à l'industrie proprement dite, et de borner mes comparaisons aux produits présentés par les deux cités de Londres et de Paris.

Il est nécessaire avant tout de faire apprécier le désavantage relatif où se trouvait placée notre capitale.

Je suis obligé, pour cela, de vous rappeler les souffrances extrêmes qu'a supportées l'industrie parisienne, avant de s'exposer à la concurrence de l'industrie britannique.

Certes l'année 1847, où le prix du blé avait doublé, ne pouvait pas être citée comme une époque très-heureuse pour le peuple. Cependant le conseil municipal de Paris avait payé pour la classe ouvrière tout le renchérissement de 1847 au-dessus du prix moyen du pain en 1846. Sous ce point de vue, l'on avait réduit la souffrance à des proportions très-supportables. La population était en paix, le travail florissait; la capitale exportait pour 168,572,187 fr. de ses produits, et la France entière pour 719,750,178 fr.

Dans les huit semaines qui précédèrent les journées de février 1848, la prospérité des ouvriers de Paris était si grande, que sur leurs simples économies, plaisirs du carnaval déduits, ils avaient déposé neuf millions à la Caisse d'épargne. C'était au nom de leur prétendue misère qu'on leur mettait les armes à la main, et huit jours après cette révolution il fallait fermer ce Trésor des ouvriers, de peur que les privations du peuple entier ne l'obligeassent à le vider avec une effrayante rapidité.

Ce n'est pas tout. Pour conjurer la détresse, qui grandissait à vue d'œil, on ouvrait à cent mille Parisiens sans travail ces ateliers nationaux, qui sont devenus si célèbres par la manière incroyable dont on n'y travaillait pas. C'était un club de cent mille oisifs armés, avec des orateurs perpétuels.

A cette même époque, on ouvrait au Luxembourg les états généraux des patrons en faillite et des travailleurs en révolte; on décrétait des 3 francs et des 4 francs, à titre de minimum, pour des journées réduites à dix heures. Les chefs d'ateliers, frappés de tous côtés par des commandes réduites ou supprimées, et leurs bénéfices disparus, tombaient dans le désespoir. Ils fermaient leurs ateliers; et les plus médiocres ouvriers, ceux qui s'étaient voté des salaires supérieurs à leur mérite, ne touchaient pas même un centime.

Quatre mois à peine étaient écoulés, et ce n'était plus seulement cent vingt mille individus auxquels on donnait une solde d'oisiveté; il fallait secourir, au mois de juillet, deux cent mille, au mois d'août, trois cent mille personnes de tout âge et de tout sexe, qui se trouvaient dépourvues des moyens de subsister par leur travail. Afin d'empêcher qu'elles ne mourussent de faim, l'on donnait, à titre de secours, le croirez-vous? pour remplacer toute espèce de salaire aux familles qui n'en recevaient plus, 18 centimes par tête et par jour.... Telle était la félicité suprême réservée pour les ouvriers en 1848.

Si telle était la situation des simples travailleurs, jugez quelle devait être la situation des chefs d'ateliers, de manufactures et de magasins commerciaux! Ils sortaient à peine des jours de terreur pendant lesquels, s'ils avaient dans leurs maisons des locataires, et s'ils demandaient un loyer pour les aider à payer leurs ouvriers, on suspendait à leur porte *un drapeau noir*, comme aux portes des cités que la peste signale à l'horreur publique. Le crédit était mort, parce que les capitalistes, traités d'exploiteurs du peuple, avaient à l'instant frappé de stérilité ce qu'on appelait *l'infâme capital.* Le chef d'atelier ne trouvait plus de quoi suffire à ses avances. Le crédit industriel ne pouvait pas même ressaisir, à la Caisse d'épargne, les modestes dépôts qu'avait formés la prévoyance. La faillite imméritée devenait un danger si constant, un malheur si répété, qu'on fit un décret pour affranchir les infortunés qu'elle atteignait, des justes sévérités qu'en des temps heureux la loi fait peser sur l'honneur et sur l'état civil des banqueroutiers.

Depuis cette époque a paru le magnifique travail entrepris par la chambre de commerce de Paris sous la direction de M. Horace Say, le fils de feu notre célèbre collègue au Conservatoire. Ce travail, opéré sur l'industrie de la capitale, telle qu'elle était en 1847 et 1848, ajoute des preuves irrécusables et frappantes aux faits que je viens de citer.

Dans la ville de Paris, en 1847, il y avait 64,816 chefs d'ateliers ou de manufactures, qui donnaient du travail à

217,195 ouvriers de tout âge,
120,742 ouvrières de tout âge,
19,114 apprentis.

Cette masse de travailleurs, pendant l'année de disette 1847, avait, sous la direction des 64,816 chefs d'ateliers et de manufactures de la capitale, produit un total d'affaires égal à la somme prodi-

gieuse de.	1,463,628,350 fr.
En 1848, on a recherché le résultat des travaux, et l'on n'a plus trouvé que.	677,524,117 fr.
La perte absolue de 1848, *même en la comparant avec une année de disette, a donc été, pour Paris seulement, de.*	786,104,233 fr.

Calculons maintenant la perte des journées que gagnent les ouvriers de Paris. Dans la grande enquête statistique dont j'ai l'honneur de vous parler, voici ce qu'on a trouvé pour 1847 :

Travailleurs :

Qui ne gagnent pas 3 fr. par jour....	27,453
Qui gagnent de 3 à 5 fr. par jour....	157,216
Qui gagnent au delà de 5 fr. et jusqu'à 35 fr. par jour.....................	10,393
Total.......	195,062

Ensuite on a constaté que, sur 100 ouvriers habitant Paris, 13 ne savent ni lire ni écrire. Cette proportion, sur les 195,062 adultes dont on a calculé les salaires, donne 25,357 individus qui ne savent ni lire ni écrire ; on peut affirmer qu'ils sont compris la plupart dans les 27,453 individus qui ne gagnent pas 3 fr. par jour. Le surplus des moins rétribués n'en sait guère davantage que ceux qui ne savent rien du tout.

La plupart de ces individus ignares proviennent des départements ou de l'étranger : il ne dépend que d'eux d'améliorer leur sort, en commençant par cultiver un peu l'alphabet.

La classe qui doit nous occuper avec un bien plus grand intérêt, c'est l'immense majorité, celle qui possède les éléments de l'instruction primaire, et qui gagne près de 4 fr. par journée moyenne.

L'ouvrier qui reçoit un tel salaire et dont la femme est laborieuse, si tous les deux sont économes, peuvent vivre, même à Paris, dans un état heureusement supérieur au besoin. Un résultat frappant va nous en convaincre.

En 1847, où la subsistance était fort chère, l'enquête a démontré que la dépense essentielle d'alimentation des citoyens de Paris, riches et pauvres, coûtait au total......... 226,863,080 fr. 00 c.

Pour une population de 1,053,897 âmes.

Cela donne, par tête, pour la subsistance annuelle................ 215 fr. 26 c.

A 300 jours de travail, c'est seulement 71 centimes par jour.

Par conséquent la nourriture (boisson non comprise) ne représente pas la cinquième partie du salaire de notre ouvrier de moyenne classe, tels que sont les sept huitièmes de la population parisienne: le surplus du prix du pain était de 20 centimes dans l'année de disette 1847. Donc alors, si l'ouvrier eût payé ce seul renchérissement, il aurait dépensé pour son alimentation 91 centimes, c'est-à-dire un peu moins du quart de son salaire moyen. Les trois autres quarts seraient restés pour satisfaire ses autres besoins et ceux de sa famille.

Voilà pourquoi, même en 1847, les déposants à la Caisse d'épargne de Paris, en grande majorité gens de travail, ont pu déposer, malgré la disette, 31,690,951 francs, apportés par 243,450 personnes, y compris celles qui reviennent plusieurs fois dans une année.

Entre l'année ordinaire et l'année de disette, la différence d'apport à la Caisse d'épargne est seulement de.................. 4,800,000 fr. 00 c.

Déposants............. 183,449

Pour chaque dépôt, valeur moyenne................. 26 fr. 16 c.

Par conséquent tout l'effet d'une année de disette était, à Paris, non pas d'appauvrir la caisse d'épargne, mais de ralentir l'accroissement moyen des livrets de 26 fr. 16 c. par déposant : tant alors était vitale la prospérité publique.

L'enquête a constaté, pour les quatre premiers

mois du bonheur promis aux ouvriers à partir des journées de février 1848, le nombre des travailleurs sans ouvrage.

Ouvriers de tout sexe renvoyés pendant les quatre premiers mois de 1848... 186,405

Soit à peu près.......... 120,000 ouvriers.

Et.................... 66,405 ouvrières.

Ces nombres ont été presque doublés pendant les mois subséquents.

Il en résulte une perte de salaires :

Pour les ouvriers, égale à	130,000,000 fr.
Pour les ouvrières, égale à	30,000,000
Total.....	160,000,000

Voilà donc, à l'égard des ouvriers de la classe intermédiaire, qui gagne de 3 à 5 francs par jour, *cent soixante millions de perdus.*

En revanche, on a distribué 18 centimes par jour à 300,000 individus de tout âge et de tout sexe, pendant à peu près les six mois qui suivirent la suppression des ateliers nationaux ; cela fait 9,700,000 francs à titre de secours : supposons dix millions.

Il reste en définitive comme perte absolue pour la classe moyenne des ouvriers de Paris, depuis février 1848 jusqu'en décembre, 150,000,000 de francs.

Voilà, messieurs, des résultats positifs, qui suffisent pour vous montrer quelle sorte de bonheur ces grands réformateurs du travail, de l'État et de la famille procurent aux classes laborieuses, auxquelles ils mettent les armes à la main, et qu'ils soldent en misère.

Quelque énormes qu'aient été les pertes éprouvées, elles ne l'ont pas été dans la même proportion par les divers quartiers de la capitale.

Le faubourg Saint-Antoine et les faubourgs adjacents ont subi les souffrances les plus graves.

Voyez ce qui s'est passé pour l'ameublement, où la menuiserie et l'ébénisterie occupent une si large place.

L'importance des affaires d'ameublement s'est élevée : en 1847, à..... 137,145,246 fr.
en 1848, à..... 34,716,696

Il a donc fallu que les ouvriers employés à ce genre de travaux fussent réduits *des trois quarts*, et cette perte a pesé sur le faubourg Saint-Antoine avec une effrayante intensité.

C'est aussi ce faubourg qu'en juin 1848 le génie de la destruction trouva le plus facile d'égarer, et qu'il choisit pour le théâtre de ses abîmes.

Un des coryphées qui préconisaient avec le plus d'efficacité la réforme du travail et la suppression de la propriété, fut surpris dans une maison qui faisait face à l'incendie des ateliers de ce faubourg, attaqués et défendus avec un égal acharnement.

Afin d'expliquer sa présence, il déclara qu'il était là pour admirer la *sublime horreur* d'un tel spectacle.

Chacun a sa manière de comprendre le sublime, même à l'égard du faubourg Saint-Antoine. Je vais expliquer la mienne ; j'en appelle à ses habitants de toutes les classes, qui, je l'espère, la partageront avec moi.

En 1847, le plus éminent artiste de ce quartier, le célèbre Gambey, mourut jeune encore et dans la force du talent.

Depuis vingt ans cet artiste occupait en Europe le premier rang pour la précision véritablement miraculeuse qu'il savait donner aux instruments d'astronomie inventés ou perfectionnés par lui. De nombreux et célèbres observatoires avaient acquis par ses travaux des moyens nouveaux d'avancer dans la découverte et l'application des lois de la nature.

Sans être en état d'apprécier, au point de vue scientifique, le mérite supérieur et si rare qui caractérisait M. Gambey, la population industrieuse du faubourg Saint-Antoine comprit pourtant qu'elle venait de perdre une de ses gloires. Elle voulut tout entière rendre le dernier hommage au grand ouvrier qu'elle chérissait aussi pour ses vertus, pour son obligeance et son cœur charitable. Elle voulut porter sur ses épaules les restes d'un tel citoyen, jusqu'au lieu de la sépulture, au Père-Lachaise : c'est le point élevé d'où le faubourg Saint-Antoine et Paris entier se déploient dans un immense amphithéâtre, comme la vie aux pieds de la mort.

Telle était donc la piété des funérailles chez tous les enfants du travail, en présence desquels j'avais reçu la mission d'exprimer la douleur publique, au nom de l'Académie des sciences ; car elle avait placé Gambey parmi ses titulaires, dans la section glorieuse qui compta pour membres Vaucanson, Montgolfier, Carnot, Monge et Napoléon.

A l'immense auditoire ainsi réuni j'adressai ces derniers mots :

« Vous tous, élèves des arts et métiers, apprentis, compagnons et maîtres de professions diverses, qui vous pressez en si grand nombre autour des restes mortels du confrère que nous pleurons, mesurez dans toute sa hauteur le mérite où vos travaux peuvent atteindre, en les perfectionnant toujours. *Acceptez l'idée du concours des artistes français avec les artistes de toutes les nations qui cultivent les sciences, et font avancer l'esprit humain.* Un vide immense vient d'être fait dans ce concours. Travaillez avec une ardeur infatigable, pour empêcher que la France n'y tienne plus le premier rang. Si vous faites valoir les dons heureux que vous avez reçus de la nature, croyez-moi bien, dans notre patrie libérale et juste, les honneurs vous accueilleront comme ils ont accueilli le plus modeste des hommes; ils viendront vous chercher.

« Et maintenant, au nom de l'Institut national des sciences, des lettres et des arts, inscrivons sur la tombe de notre célèbre collègue, ces mots qui feront palpiter de nobles cœurs, chez les petits et chez les grands :

A L'OUVRIER, AU CONTRE-MAITRE
DEVENU
MEMBRE DE L'ACADÉMIE DES SCIENCES.

Si vous eussiez pu voir alors l'enthousiasme plein d'énergie de ces milliers de travailleurs qui se pressaient autour de nous, si vous eussiez entendu les murmures d'assentiment que réprimait à demi le respect pour la sainteté des obsèques, vous eussiez dit ces favoris de la guerre, qui se jurent à voix basse en marchant au combat, sous le joug de la discipline, qu'ils remporteront la victoire!

(*Ici de longs applaudissements, partis des rangs de la classe ouvrière, interrompent le professeur.*)

Voilà, messieurs, ce qui sera toute ma vie, pour mon cœur et pour ma raison, le spectacle sublime, entendez-vous? le spectacle sublime du vrai faubourg Saint-Antoine.

Son serment n'a pas été vain! Quatre ans plus tard, lorsqu'il a fallu réaliser ce concours avec les nations, que je pressentais dès 1847, le courageux, l'ingénieux faubourg a conquis son poste d'honneur par quatre premiers prix, au lieu d'un seul. Rappelons ici les artistes qui les ont remportés, deux pour les industries mathématiques, et deux pour les industries qui se rapportent aux beaux-arts.

C'est en premier lieu M. G. Froment, qui, je l'espère, quelque jour remplacera complétement M. Gambey, dont il approche déjà pour l'admirable précision de ses divisions microscopiques, et pour la fécondité dans la conception des instruments de physique.

C'est ensuite M. G. Hermann, qui, doué du génie de la mécanique, a su par des combinaisons variées, simples et neuves, résoudre le problème, si délicat, de réduire en atomes absolument impalpables les matières qu'exigent, en beaucoup de cas importants, la pharmacie, la chimie, la peinture artistique, et la trituration perfectionnée du cacao.

Dans les industries qui s'élèvent jusqu'aux beaux arts, nous citerons avec honneur M. Délicourt, qui se distingue au milieu des fabricants de papiers peints, si nombreux dans le faubourg Saint-Antoine. Ses compositions, pleines d'effet et d'énergie, semblent donner au papier colorié le caractère et l'éclat des fresques les plus admirées.

Vient enfin M. Fourdinois, qui s'est chargé de

montrer jusqu'où peut s'élever l'imagination et le talent chez tout ce peuple industrieux de menuisiers et d'ébénistes, qui sont la vie et la richesse du faubourg. La matière ici ne compte pour rien dans l'œuvre sans prix, dont je constate le succès: c'est un de nos bois communs, le noyer, dont les veines sombres, admirablement ciselées, vont faire oublier l'acajou, l'ébène et le palissandre.

Jamais la sculpture sur bois ne s'est montrée plus hardie, plus large et plus animée que dans ces quatre belles femmes aux formes nobles et sévères, qui caractérisent les quatre parties du monde, et dans ces quatre lévriers enchaînés à leurs pieds, qui semblent s'inspirer aussi de l'austère beauté des statues qui les dominent. On dirait l'œuvre d'un artiste qui manie le ciseau, d'une main non moins intrépide dans les jours de paix, que le glaive au jour du combat.

N'est-ce pas, messieurs? Il est beau que celui de nos faubourgs qui semblait écrasé sous les calamités des discordes civiles, se soit tout à coup relevé pour remporter plus de couronnes artistiques et manufacturières que n'en ont remporté, deux à deux, les célèbres cités de Pétersbourg et de Moscou, de Florence et de Rome, de Milan et de Vienne!

Je serais vraiment affligé si nos travailleurs

pouvaient croire que je n'ai de préférence et d'éloges que pour un seul de nos faubourgs; je serais par trop injuste.

Messieurs, si vous vouliez connaître Paris dans la moitié de sa circonférence, à l'est, depuis Montmartre jusqu'aux Gobelins, les faubourgs que vous visiteriez vous offriraient le tableau d'une supériorité qu'un mot suffit pour résumer : dans le concours universel des nations, cette moitié de nos quartiers extérieurs a mérité plus de récompenses du premier ordre que les trois plus grandes capitales du continent européen, prises ensemble.

O mes chers concitoyens du faubourg Saint-Antoine, et de tous les autres faubourgs, et des quartiers qu'ils avoisinent, ne cessez pas de préférer, pour le bonheur et pour l'honneur de la patrie, la gloire paisible des arts à l'entraînement des discordes civiles. Écoutez toujours, comme vous l'avez fait en ces derniers temps, et la voix de vos amis sincères, et d'autres voix plus chères encore et plus douces à vos cœurs.

C'est à l'abri du foyer domestique, aux heures de repos et de loisir, que l'ouvrier retrouve, au milieu de ses enfants, la compagne laborieuse qui pourvoit à tous ses besoins comme à tout son bonheur honnête. C'est là que se font entendre les paroles dictées par la prévoyance et la raison ; c'est là que se font aimer les leçons parfois trop méconnues de l'économie, de la tempérance et de la modération.

En comparant, pour ces qualités et ce dévouement, l'ouvrière française à l'ouvrière britannique et surtout à l'ouvrière des États-Unis, on ne peut s'empêcher d'être frappé de la supériorité qu'elle présente, surtout à l'égard des soins domestiques.

Puisse l'autorité, j'emploie ce mot, l'autorité douce et bienveillante de l'épouse et de la mère s'exercer de plus en plus dans l'intérieur de nos ménages d'artisans : d'abord, pour accroître et rendre générale la régularité de la vie chez les travailleurs parisiens; ensuite, pour réformer le caractère d'un si grand nombre d'enfants pleins d'intelligence; d'enfants qui deviendraient des hommes si remarquables s'ils ne commençaient, lors de leur adolescence, par être ce qu'en termes ignobles, mais vrais trop souvent, l'on appelle un gamin de Paris.

Ne rions pas de ses défauts, de ses impétuosités qui sont des vices en germe, et qui, le but changé, deviendraient autant de qualités et de vertus. Parlons-lui comme s'il était sur le point d'être un homme, afin de l'élever à ses propres yeux, et de le guider par l'émulation, par le sentiment de l'honneur, si puissant chez nous, même à partir de l'enfance; nous le rendrons ainsi digne d'estime.

Me voici bien loin de mon but apparent, quoique

j'y marche sans le perdre jamais de vue : la gloire et l'avenir de Paris considéré, non pas dans ses classes opulentes et fastueuses, mais dans les entrailles vitales de son peuple laborieux.

Après vous avoir donné l'idée de tout ce qu'a souffert notre capitale, et signalé quelques-uns de ses triomphes partiels, je passe à celle de l'Angleterre. Nous tirerons d'autres lumières d'un semblable rapprochement.

Comment ferai-je, Messieurs, pour vous donner une juste idée de Londres au point de prospérité, d'opulence, de grandeur et de lumières où l'ont portée les prospérités, les découvertes de l'Angleterre, incessantes depuis deux siècles ?

Imaginez qu'une cité monstre occupe un territoire égal en superficie au département tout entier de la Seine, et compte un peuple aussi nombreux que nos cinq départements de la Normandie. Imaginez cette immense population développée sur les deux rives d'un fleuve qui porte des vaisseaux de première grandeur jusqu'aux bassins de sa partie maritime. Imaginez les navires de tous pays mouillés en ordre à partir du dernier des ponts ; disposés, comme une armée de géants, par rangées transversales, qui se succèdent à peu près sans intervalle dans une lieue de longueur, et qui laissent néanmoins, au milieu de la masse coordonnée, un libre espace sillonné par les bâtiments, soit à vapeur, soit à voiles, qui circulent entre l'Angleterre et toutes les parties du monde. Pour suppléer à l'insuffisance de ce premier port naturel, concevez cinq groupes de docks, qui reçoivent les bâtiments spéciaux du commerce des Indes Orientales, des Indes Occidentales et d'autres sources distinctes de navigation : imaginez par ce moyen, une surface d'eaux immuables, soustraites à l'inégalité des marées , et presque égale à la superficie du champ de Mars. Imaginez autour de ces bassins, des établissements, des magasins et des ateliers pour la construction, pour le gréement et l'armement des navires du commerce et de la guerre, : là vous trouvez une infinité d'industries qui manquent à Paris et dont Paris n'a pas seulement l'idée. Telle est la ville maritime que prolongent, comme trois faubourgs contigus, les hospices, les ports, les villes et les arsenaux de Greenwich, de Deptford et de Woolwich.

Immédiatement au-dessus de cette capitale de la mer, en remontant la Tamise du côté du Nord, nous trouvons la Cité de Londres proprement dite, avec l'infinie variété de ses ateliers urbains, avec ses fabriques puissantes, mues par tant de machines à feu, et, comme les foyers domestiques, chauffées avec une telle dépense de charbon fossile, que l'atmosphère en est assombrie pendant les trois quarts de l'année. C'est là qu'on donne, avec les forces réunies de l'homme et de la vapeur, une dernière main-d'œuvre à des quantités effrayantes de marchandises britanniques, destinées à tous les peuples de l'univers.

Tout à fait à l'occident, c'est-à-dire, en style marin, au vent de cette atmosphère cyclopéenne, et délivrée de ses ténèbres pendant la sombre saison où prédominent les vents pluvieux de l'Atlantique, une troisième cité, celle des arts luxueux, celle de l'opulence et du plaisir, de l'aristocratie et du gouvernement, s'étend au loin sur la gauche de la Tamise; elle est traversée, assainie, embellie, par une succession continue de parcs publics immenses, parsemés de rivières, de lacs, de prairies, avec des ombrages formés d'arbres plus que séculaires. Sur le bord du fleuve impérial s'élèvent les splendeurs sans exemple d'un nouveau palais du Parlement, reconstruit à neuf sur les débris incendiés du palais antique : 60 millions ne suffiront pas pour ce monument! Il est bâti, décoré suivant le goût d'une architecture empruntée à la conquête des Normands, dans ce pays où le respect des lois et des mœurs antiques prépare et garantit la longévité des mœurs et des lois présentes. Tout à côté, voici la basilique autrefois romaine du monastère de l'ouest, laissée debout malgré la réformation; là sont déposées les cendres des grands hommes de trois royaumes, richesse morale et religieuse d'un peuple illustre. Elles sont réunies avec orgueil dans ce temple de Westminster, pour honorer, pour immortaliser la cité parlementaire, qui fleurit par les lois, par la gloire et par l'éloquence.

Tel est l'ensemble majestueux de la capitale d'un empire où 150 millions de sujets ont à peine assez de navires pour suffire aux consommations croissantes d'une accumulation de 2 millions 500,000 habitants.

Depuis trois siècles, les sciences, les lettres et les arts florissent dans la cité qu'ont illustrée tour à tour les Newton et les Davy ; les Shakspeare et les Milton; un Christophe Wren, qui construisit Saint-Paul de Londres, un Georges Rennie, qui construisit des ponts en granite, en fer, dignes du monument religieux d'architecture classique, le plus grand, le plus beau de tous après Saint-Pierre de Rome.

Ne rougissons point de l'avouer, Paris, avec son petit million d'habitants et son fleuve secondaire, Paris, au point de vue du parallèle physique, apparaît à côté de Londres comme apparut autrefois David en face de Goliath le géant.

En présence d'une aussi grande inégalité, nous nous demandions avec inquiétude quelle serait l'issue de la lutte solennelle que les deux cités antagonistes viennent de soutenir aux yeux de toutes les nations ? Dans le concours de l'Exposition universelle, telles ont été les récompenses décernées aux œuvres d'art et d'industrie reconnues comme absolument supérieures :

Pour Londres, ayant 2,500,000 habitants, 35 récompenses de premier ordre ;

Pour Paris, ayant 1,053,000 habitants, 41 récompenses de premier ordre.

C'est-à-dire, par million de concurrents :

Pour Londres, 14 ;

Pour Paris, 39.

Et ce qui doit nous assurer qu'on n'a pas fait injustement pencher la balance en notre faveur, c'est que la *moitié* des juges de ce concours étaient Anglais, et le *neuvième* Français.

Plus tard j'exposerai les raisons nombreuses de la supériorité dont je viens de constater la preuve sommaire. Je me contente aujourd'hui d'en indiquer une cause primordiale, qui tient à la constitution même de la société dans la ville de Paris : c'est la division vraiment merveilleuse et la multiplication des ateliers indépendants, au sein de cette capitale. Puisque 200,000 ouvriers mâles comptent dans Paris 65,000 chefs de travaux qui ne dépendent que d'eux-mêmes, il y a par conséquent en exercice constant 65,000 intelligences responsables du succès. Elles sont intéressées à la fois, par le soin de leur fortune et de leur honneur, à chercher sans cesse des perfectionnements et des innovations dans les procédés de leur art, dans la forme, la convenance et la beauté de leurs produits. Il y a 65,000 supérieurs toujours poussés à regarder, à surveiller les travaux de leurs subordonnés, avec cet œil si judicieusement caractérisé par l'admirable poëte du naturel et du bon sens, par la Fontaine qui nous dit :

> Rien n'est tel que l'œil du maître.

Ainsi la même multiplicité des chefs d'industrie, qui présente à nos ouvriers tant de chances variées d'avancement et de fortune, est en même temps une des causes les plus puissantes de la supériorité de l'art parisien dans son admirable variété.

Je ne pourrais pas, en un seul jour, vous donner une idée même incomplète des nombreuses industries qui caractérisent cette supériorité parisienne, telle que je viens d'en indiquer la conséquence triomphante.

Il sera plus simple, plus rapide et plus lumineux de diviser ces industries en quatre groupes principaux.

Afin d'éviter les longueurs, je vais me borner à présenter, pour chaque groupe, le nombre des récompenses de première classe obtenues, dans les deux villes de Paris et de Londres, par million d'habitants.

Ce million de concurrents, de l'une et de l'autre cité, a reçu :

1° Pour les arts qui dépendent spécialement de la mécanique et des machines :

Dans Paris 7 récompenses du premier ordre, et dans Londres 6.

2° Pour les arts économiques et chimiques :

Dans Paris 4 récompenses du premier ordre, et dans Londres 1.

3° Pour les arts graphiques et géométriques :

Dans Paris 8 récompenses du premier ordre, et dans Londres 3.

4° Enfin pour les beaux-arts et pour tous les arts où l'élégance de la forme et les perfections du goût sont des conditions essentielles :

Dans Paris 20 récompenses du premier ordre, et dans Londres 4.

Il m'est impossible, je l'avoue, de vous présenter de tels succès sans éprouver une joie profonde, et sans me rappeler avec bonheur tous les progrès que, depuis un quart de siècle, peut-être un peu par nos vœux, nos conseils et nos impulsions, Paris a dû faire pour arriver à ces résultats magnifiques.

Il ne faut pas vous figurer que les habitants des rives de la Tamise vont vous laisser indéfiniment vous glorifier de vos avantages. Rien ne serait plus dangereux et plus funeste qu'une telle erreur. Les Anglais, comparativement à nous, sont un peuple qui paraît se hâter lentement; mais qui se hâte, et qui se hâte toujours avec la même constance, sans jamais se rebuter. Ils vont redoubler d'efforts, précisément dans les métiers et dans les arts où vous avez eu l'avantage.

Que d'emprunts n'ont-ils pas faits à l'élite de nos classes laborieuses! Depuis la révocation de l'édit de Nantes, qui leur a valu le tissage de la soie et le quartier de Spitalfields, jusqu'à nos révolutions, qui leur ont valu dans les premiers temps Brunel, le grand ingénieur, et tout récemment Morel, l'éminent joaillier, Weicht, le ciseleur par excellence, Bontemps, l'habile verrier du palais de cristal, et Marochetti le célèbre sculpteur. Cette émigration leur a procuré quatre récompenses du premier ordre, empruntées au continent.

Soyez-en sûrs, les Anglais continueront à nous demander nos dessins et nos dessinateurs pour toutes les élégances, et nos artisans et nos artistes dans les genres les plus français; puis, comme ils l'ont fait en 1851, ils combattront sans la moindre honte, en ajoutant nos combattants et nos armes aux leurs.

Ils finiront par nous emprunter jusqu'à l'art d'avoir du goût! Ils l'ont déjà fait pour un genre que je dois présenter, comme un grand exemple, à vos réflexions les plus sérieuses.

Il y a près d'un siècle et demi, quelques gens de lettres les plus éminents, les plus honnêtes de l'Angleterre, imaginèrent d'entreprendre un écrit périodique ayant pour objet de réformer dans leur pays les mauvaises mœurs et le mauvais goût. Pour offrir un exemple des succès admirables qu'ils obtinrent, il suffira de citer une page écrite avec un charme inexprimable par le célèbre Addison, dont la prose a pour les Anglais la suavité poétique et le naturel de Fénelon. Le *Spectateur* anglais commence par faire observer que les beaux jardins français s'éloignent moins de la nature que ne font les jardins de l'Angleterre. Cet aveu paraîtra d'autant plus remarquable que les termes de comparaison et de préférence, au point de vue du naturel, étaient les jardins de Louis XIV! Mais ceux de la Grande-Bretagne ressemblaient alors aux plantations de l'excellent Bradwardine (1), qui combinaient sous toutes les formes les beautés de l'ours du côté de la sculpture, avec celles des formes fantastiques pour la taille forcée des arbres et

(1) Dans le roman de *Waverley*.

des arbustes. Une fois attiré, quoique de loin, sur les voies de la nature, Addisson s'abandonne à toute la grâce de son imagination. Il se demande pourquoi l'Angleterre, avec sa verdure admirable et les magnifiques ombrages de sa végétation fortunée, n'irait-elle pas plus loin encore? Pourquoi chaque possesseur d'un champ, d'une prairie, ne les embellirait-il pas en décorant leurs limites par des clôtures vivaces d'arbustes plaisants à la vue, aux pieds desquels on jetterait les graines de quelques plantes aux fleurs gracieuses quoique sauvages? Pourquoi, d'harmonies en harmonies, les routes, les chemins, les sentiers ne suivraient-ils pas des courbes ondulées avec grâce, suivant la forme des terrains? Pourquoi les champs, les prés, les bois, heureusement entremêlés, ne s'embelliraient-ils pas de forme et de position les uns par les autres? L'enchanteur ne se doute pas qu'il vient, avec sa main de maître, d'inaugurer la splendeur naturelle et la naïveté charmante de ce que seront quelque jour les plus beaux jardins anglais. Deux générations successives ne s'étaient pas écoulées, et l'Angleterre avait changé de face; et c'était à nous de prendre des leçons, pour métamorphoser la nudité de nos campagnes, en ajoutant des ornements gracieux et variés à la monotonie d'une nature où le coultre avare du laboureur ne veut pas laisser l'ombre d'un arbre ni d'un arbuste, ravir à ses blés un seul rayon de soleil.

Aujourd'hui ce goût parfait, exprimé par toutes les grâces d'une culture ingénieuse, est si général en Angleterre, qu'on ne peut pas voir dans les cités une place, un *square* sans verdure et sans ombrage; ni, dans les campagnes, une maisonnette, une chaumière, un *cottage* qui n'ait sa façade, ses portes, ses fenêtres embellies par des fleurs grimpantes ou par des festons de vignes. Il faut de plus un petit parterre en avant, n'eût-il qu'un mètre de large, pour mettre l'image de la campagne embellie entre la voie publique et le manoir, *hôme* : mot sacré que l'Anglais rattache aux plus saintes idées du foyer domestique, de la famille et de la patrie tout entière.

Certainement, si les Anglais ont pu s'élever au premier rang pour le goût des ornements dont la culture de la terre est susceptible, ils peuvent aussi s'élever dans les arts industriels, au point d'y conquérir le sentiment de la grâce et la production de la beauté : songez-y!

Afin de juger si Paris pourra conserver, comparativement à Londres, sa prééminence artistique, suivons sa marche progressive durant le tiers de siècle qui vient de s'écouler, malgré des obstacles infinis et déplorables.

Quel admirable progrès physique présente à l'observateur la ville de Paris, depuis 1814 jusqu'à 1852!

A la première époque, la population de la capitale était inférieure à 700,000 âmes; elle est aujourd'hui de 1,054,000 âmes, exactement ce qu'elle était dès 1846.

Tout ce qu'ont pu faire trois ans de calamités, un de disette, un de révolution, un de choléra, c'est d'avoir rendu pour cinq ans stationnaire une population qui ne demande qu'à tiercer tous les trente ans, qu'à doubler tous les cinquante ans.

En acquérant près de quatre cent mille habitants depuis la paix générale, Paris s'est augmenté, surtout dans ses faubourgs. Ils forment autour des boulevards intérieurs cette couronne industrielle grâce à laquelle aujourd'hui la capitale est la plus manufacturière entre toutes les villes du continent européen.

En même temps que le Paris extérieur se bâtissait à vue d'œil, on faisait tout pour assainir, pour embellir le vieux Paris ; pour le rendre partout plus commode au commerce et moins favorable au désordre. Aujourd'hui ses rues, ses places, ses quais, ses ponts, ses boulevards sont élargis, avec des pentes adoucies ou supprimées ; les palais publics, le Louvre, le Conseil-d'Etat sont achevés; l'Hôtel de ville est rendu digne de représenter l'opulence et la civilisation de la cité monumentale.

Le bien-être du peuple a marché de pair avec les embellissements de la capitale ; et l'on a beaucoup fait pour inspirer aux classes laborieuses l'amour de l'économie avec le besoin de la prévoyance.

La Caisse d'épargne, qui ne possédait rien en 1817, comptait, au 1er janvier 1845, cent soixante-dix-neuf mille déposants et 112 millions de francs de dépôt.

En 1848, un premier acte arbitraire suspend par la violence toute possibilité de remboursement ; un second acte, à cinq mois de distance, ordonne un remboursement complet et forcé. Il n'était pas même permis de conserver les livrets des anciens déposants, ne fût-ce qu'avec cinquante centimes de reliquat : il fallait faire maison nette.

Un troisième acte, en 1851, porte une atteinte douloureuse à la législation qui régissait cette institution pour les nouveaux déposants.

Chose étrange, que ç'ait été sous le régime décoré du beau nom de république, et lorsque le mot *peuple* se prononçait jusqu'à satiété, qu'on ait porté le coup le plus rude à la seule institution moderne vraiment grande et vraiment puissante en faveur du peuple laborieux ! L'été dernier, je suis resté seul comme un ami du paradoxe et de l'erreur, que chacun laissait à l'écart, quand j'ai voulu défendre, pied à pied, l'institution que la Rochefoucauld-

Liancourt et ses amis, dans leur innocence, regardaient comme un appui de la vertu populaire !...

Il y a bien d'autres plaies faites aux mœurs nationales, non-seulement depuis quatre ans, mais depuis vingt-cinq années. Qu'a-t-on fait pour y porter remède, au moment où tout était sacrifié pour décorer la cité matérielle ?

J'ai contemplé bien souvent avec bonheur et gratitude ces magnifiques percées, telles que la rue de Rambuteau, la rue Soufflot, et la rue de Rivoli prolongée par delà l'Hôtel-de-Ville, pour rendre plus salubres et plus florissants des quartiers naguère hideux à voir. A chaque fois je me suis demandé comment il se faisait que la *cité morale* ne fût pas l'objet d'aussi grands travaux, entrepris pour l'assainir à son tour, pour y percer des avenues d'honneur et de vertu, à travers les sentines de ses vices et de ses crimes ? Je me suis demandé, du moins, comment on n'essayait pas d'endiguer la démoralisation, pour empêcher son redoutable cataclysme ?

Ne remontons pas plus loin qu'un quart de siècle. Après que le saint-simonisme, qui n'était qu'à demi pervers, eut péri sous le ridicule, d'autres réformateurs de la société recueillirent comme héritage, non pas le peu de bien que la secte éphémère présentait en espérance, mais le mal et la corruption qu'elle recelait en réalité.

Le mépris de la famille fut soigneuesment conservé ! La femme libre survécut, et Dieu sait par quelles excentricités elle prétendit remplacer les vertus, à la fois humbles et sublimes, de nos honnêtes ménagères.

Les saint-simoniens ne trouvaient pas que la propriété patrimoniale fût précisément un délit inexpiable ; ils se bornaient à la juger mal répartie. Ils engageaient le fils de famille à leur confier son héritage afin de le placer au mieux, en attribuant *à chacun suivant son mérite et ses œuvres*. Les successeurs des saint-simoniens trouvèrent qu'il était indécent de laisser subsister même ce reste d'inégalité. Non-seulement ils n'acceptèrent pas que chacun pût posséder en proportion de son mérite et de ses œuvres ; l'égalité forcée des parts leur parut infiniment plus sociale. Ils n'acceptèrent pas non plus que les réformateurs de la société dussent attendre que les propriétaires se voulussent bien dépouiller eux-mêmes ; ils redoutaient quelque lenteur à cet égard ! Aussi leur pensée fut-elle qu'il fallait aller plus vite, et sans s'arrêter aux volontés récalcitrantes de quiconque tiendrait à ses possessions.

Mais cet extrême but de leurs projets, il fallait le cacher avec soin, pour ne pas éveiller d'alarmes trop précipitées.

Avant de dévoiler à tous les regards l'édifice

imaginaire, ou plutôt l'absence de tout édifice, par quoi la civilisation moderne devait être remplacée, les novateurs jugèrent plus prudent de saper, avec une dissimulation profonde, les bases fondamentales de notre état social.

Le premier but qu'ils s'efforcèrent d'atteindre fut d'inoculer dans l'âme des enfants du peuple un déplaisir incurable ; ce fut de leur persuader que leur sort était empiré chaque année, et devenait insupportable, au moment même où la paix au dehors et le travail au dedans, vivifiés par le progrès des sciences et des arts, produisaient sur le bien-être du peuple des résultats miraculeux.

On répétait aux ouvriers que les patrons exigeaient plus de travail que n'en peut supporter la force humaine, et qu'ils tarissaient les sources de l'existence chez l'infortuné travailleur.

En vain parvenais-je à démontrer que, depuis un demi-siècle, la longueur de la vie chez les travailleurs français s'était accrue, terme moyen pour chacun, de *dix années*. On répétait la calomnie, on se taisait sur la réponse ; ce qui faisait prospérer et croître la haine des ouvriers contre ceux qui les employaient, et contre la patrie même.

On affectait, pour chaque ville, de citer quelque cas exceptionnel de travaux peu rétribués, écrasés qu'ils étaient par des concurrences temporaires ou parce que des industries nouvelles triomphaient d'anciennes industries qui devaient être abandonnées. On étalait donc ces exemples de salaires trop modiques; on n'ajoutait pas que souvent leur modicité même résultait de la paresse, de l'ignorance et de la gaucherie des mauvais sujets. On affectait de prendre des situations particulières, affligeantes à coup sûr, pour le sort universel des ouvriers. On demandait, avec une feinte indignation s'il n'était pas temps de changer radicalement la proportion du bénéfice entre les travailleurs et les patrons?...

Dans un pays où les industries sont libres, où chacun peut choisir entre des centaines de professions, pour les exercer, s'il le veut, à titre de maître, on affectait de voir dans l'ouvrier un esclave, un opprimé, une victime.

On n'attaquait pas seulement les choses humaines les plus naturelles, les plus légitimes, les plus respectables. Le génie du bouleversement élevait plus haut son audace, et pour complément à ce premier mensonge : *la propriété, c'est le vol*, il osait ajouter : *Dieu, c'est le mal*. Il n'appartenait qu'au Socialisme de surpasser en perversité jusqu'aux négations de l'athéisme....

Dès l'année 1840, à la seule approche du bruit de la guerre, les modernes réformateurs avaient mis la main à l'œuvre de la révolte. Ils avaient commencé par faire savoir aux chefs de manufacture et d'atelier : qu'ils eussent à subir la loi des coalitions ; à diminuer le travail, c'était toujours le plus doux appât ; puis à renchérir les salaires, en prononçant peine de mort contre les travailleurs qui ne voudraient pas se joindre à la coalition réformatrice. Hélas ! la société ne voulut pas être avertie par de tels événements ; l'ordre apparent se rétablit, et les apôtres souterrains reprirent leur mission de ténèbres : mécontenter, désespérer, pour finir par révolter.

Il fallut encore sept ans avant de conduire à terme cette grande entreprise du Socialisme ; sept ans, où tout florissait du côté matériel, industrie, commerce, bien-être ; tandis que l'envie, la haine contre cette prospérité grandissaient, vous le voyez, du même pas que la félicité générale.

On se dégoûta de cette paix ; mais quand on crut n'avoir accompli que ce qu'on nommait, avec fatuité, la *révolution de l'ennui*, comme si la vie laborieuse de tout un peuple pouvait être une partie de plaisir, quiconque ici-bas avait à perdre quelque chose, foi, loi, bien, famille, se réveilla tout à coup ayant et sa personne et ces trésors sur le bord du précipice.

Loin de moi de rien dire ici qui touche à la direction des affaires humaines entre telles ou telles mains, pour aborder ce qu'on nomme la politique. Je ne vois, je ne veux voir que la société, la patrie attaquée dans les sources de son bien-être, de sa paix et de sa vertu.

Ce qui m'a surtout indigné dans le soulèvement des masses, qu'on poussait comme des béliers pour renverser les remparts de l'ordre et de la civilisation, c'était l'adulation des corrupteurs. Ils enivraient l'ouvrier à force de flatteries, et lui prodiguaient impudemment les espérances impossibles. Ils poussaient au crime les plus ardents, les plus audacieux, sans souci des conséquences. A l'égard des plus modérés parmi les hommes égarés, on imprimait dans leurs cerveaux des idées qui devaient les empêcher de recouvrer jamais la paix du cœur et le bonheur de la vie.

Permettez-moi de vous citer un seul exemple de ce mal qu'ont produit les apôtres du Socialisme : ces malfaiteurs sans lesquels, il faut le dire, la révolution de 1848 n'aurait pas produit la dixième partie des calamités qui s'en sont suivies. Ce n'est pas au loin que j'ai besoin d'aller pour cela, c'est à Paris, dans les quartiers populeux au milieu desquels est bâti le Conservatoire où je vous parle.

Écoutez la commission de l'enquête que j'ai déjà citée, faite par la Chambre de commerce de Paris, sur la situation de l'industrie en 1847 et 1848.

« Un fabricant de la rue Saint-Denis, ancien ouvrier lui-même, avait pour premier ouvrier un de ses amis et anciens camarades, dont le travail, bien que régulier, n'était plus ce qu'il avait été avant février 1848; il y avait chez celui-ci langueur et découragement. Le patron, en parlant à son collaborateur avec amitié, cherchait à obtenir sa confiance; il lui demande enfin s'il a du chagrin, s'il est malade. L'ouvrier répond aussitôt qu'il n'a rien, qu'il est bien chez son patron; « mais, ajoute-« t-il, c'est plus fort que moi, je n'ai plus le cœur à « la besogne; j'ai beau me raisonner, rien n'y fait, « et depuis cette..... révolution, les bras s'y refu-« sent. » C'est ainsi que se prolonge l'effet des secousses violentes : dans l'industrie, il faut des années pour effacer les traces d'une perturbation momentanée. »

Remarquez bien, messieurs, qu'il s'agit ici d'un honnête et bon ouvrier, dont le cœur n'est empoisonné par aucun mauvais sentiment, ni l'esprit corrompu par aucune doctrine funeste. C'est seulement un de ces travailleurs qu'on avait exaltés, séduits à force d'espérances impossibles. Lorsqu'il se voit redescendu, par la nécessité des choses, dans les réalités de ce bas monde, il ne peut plus y respirer sans amertume, ni travailler sans éprouver un affaissement qui l'épuise; c'est le premier après le chef d'un atelier qui, malgré l'élévation de son salaire, ne peut plus goûter son propre bien-être.

Que serait-ce donc s'il s'agissait d'un pauvre travailleur égaré par des doctrines perverses, à qui l'on aurait promis positivement sa part dans le patrimoine d'autrui, sa part dans l'autorité sur les hommes, sa part dans les vanités de ce monde, ces vanités que les amis les plus fervents de l'égalité ne refusent jamais à titre d'honneurs et de distinction? Que serait-ce, enfin, s'il s'agissait d'un des membres si nombreux de ces sociétés clandestines, où l'on se cache avec tant de soin pour jurer le mal et même le crime; de ces sociétés dont l'atmosphère séditieuse enivre autant et plus dangereusement que celle de la boutique avinée? C'est aux yeux des ouvriers ainsi pervertis, que le travail paraît, non plus seulement fastidieux et rebutant, mais odieux et complétement impossible.

Voilà les infortunés qu'un véritable esprit de charité chrétienne doit nous porter à secourir, à ramener vers le bien, et, s'il se peut, à consoler. Combien je voudrais que, du haut des chaires évangéliques, les trésors de la bienveillance et de la miséricorde fussent versés sur ces âmes ulcérées, pour les ramener à l'amour de leurs semblables, et les réconcilier avec une société qu'on leur faisait jurer de renverser de fond en comble! Le triomphe de la force n'est rien, dès que l'on aspire à guérir de telles plaies; et c'est aux plus doux sentiments qu'il faut s'adresser, si l'on veut réconcilier avec l'humanité les hommes que l'on familiarisait avec la pensée des actes les plus destructeurs.

Au lieu de flatter lâchement les ouvriers, au lieu d'exalter chez eux une vanité maladive, n'est-il pas plus humain, plus sage et plus amical, de leur faire comprendre combien est peu de chose au milieu de la société, quiconque n'a pour soi que la force de ses deux bras, s'il n'y joint pas les facultés de l'intelligence, développées par l'instruction et fécondées par le travail?

Quand je réfléchis sur l'entraînement immense qu'on a pu produire en flattant de mauvais instincts, loin d'être découragé, je me sens plein d'espérance à la pensée du bien qu'on peut produire, si l'on veut s'adresser aux nobles penchants que la Providence a préparés dans le cœur des hommes pour faire ici-bas triompher la vérité sur le mensonge.

Qu'il me soit permis de dire aux travailleurs parisiens, en terminant mon discours :

Vous êtes les citoyens de la ville la plus illustre de la terre; de la ville que les nations étrangères, dans leur équité, reconnaissent pour le foyer de la science, le sanctuaire du goût et la capitale de la civilisation. Tous les trésors de l'intelligence, accumulés par l'opulence nationale, bibliothèques, musées, jardins publics, écoles inférieures, ou moyennes, ou supérieures, tout est ouvert à votre étude, à vos plaisirs. Les monuments vous rappellent la grandeur nationale, en même temps qu'ils vous présentent, dans chacune de leurs parties, des modèles pour les arts que vous pratiquez. Ils vous instruisent par leurs souvenirs, autant que par leurs beautés, pour compléter nos leçons, épurer votre goût, agrandir vos idées.

Sur la terre où vous êtes nés, il n'est pas une des routes qui conduisent au bien-être, à l'opulence, à la distinction, à la renommée, à la gloire, où vous ne puissiez marcher, à grands pas, si vous avez du génie ; à pas modérés mais certains, si vous avez de l'ordre et du mérite. La patrie tout entière prend part à vos succès ; elle vous remercie de votre supériorité quand vous triomphez dans les luttes de l'industrie. Qui que ce soit n'a sur vous de privilége ; et vous pouvez prétendre à tous les succès du travail et du courage, soit dans la paix, soit dans la guerre. La majorité des maréchaux de France les plus illustres est sortie de vos rangs, par l'élection de la victoire ; et les maréchaux de l'industrie, car elle a les siens, cette année même ont conquis les étoiles de leurs épaulettes sur le territoire étranger, à Londres, aux applaudissements généreux de toutes les nations.

Jugez donc le mépris injuste que font de vous ceux qui vous disent, pour vous irriter, que vous êtes des parias, des prolétaires sans bien-être présent, sans bonheur à venir, et toujours sans honneur. Ceux qui vous parlent ainsi sont les calomniateurs de votre destinée ; ils sont les ennemis mortels d'une société développée, perfectionnée depuis des siècles par tout ce que la France a produit de talents supérieurs, et dans les arts, et dans les sciences dont la lumière féconde les travaux utiles au genre humain.

Raffermissons l'alliance de la force physique avec la force intellectuelle ; rapprochons les cœurs ainsi que les intelligences. Ne voyons dans la hiérarchie du travail qu'une pyramide continue, dont les degrés, accessibles à tous, permettent que chacun s'élève suivant son labeur, son savoir et son talent. Au lieu de nous envier, de nous détester, de nous attaquer, aidons-nous en nous tendant la main les uns aux autres, pour arriver plus vite et plus haut. C'est par là qu'on élève la patrie même à sa hauteur la plus sublime.

Si nous voulons agir ainsi, n'ayons pas peur qu'aucune ville de l'ancien ni du nouveau monde se place au-dessus de notre illustre capitale. Comptons sur les succès dont elle continuera d'être le théâtre ; j'ose annoncer qu'ils surpasseront même ceux qui viennent, au concours universel, de placer si haut votre gloire.

6

DISCOURS

PRONONCÉ

PAR M. CHARLES DUPIN,

PRÉSIDENT DE LA COMMISSION FRANÇAISE

POUR

L'EXPOSITION UNIVERSELLE,

A la distribution des croix et des prix aux exposants français,

LE 25 NOVEMBRE 1851.

« MESSIEURS LES EXPOSANTS,

« Les insignes de l'honneur vont vous être donnés par M. le Président de la République; j'aurai mission ensuite de vous remettre des médailles, dont le cuivre vaut 1 franc pour la première classe, et moitié pour la seconde. Mais ces médailles, si vos juges ont fait leur devoir, si l'équité les a décernées, c'est le symbole magnifique de la supériorité parmi les peuples célèbres. Pardonnez-moi l'expression, c'est la Légion d'honneur universelle. (Applaudissements.)

« Nous venons vous rendre nos comptes dans la mission, que nous avons eue, de défendre votre talent ; nous avons été dix mois vos juges, et vous allez être les nôtres. Écoutez-nous dix minutes. Il ne m'en faut pas davantage.

« Pour jurés, les nations ont choisi 314 représentants de leurs arts et de leurs sciences : l'Angleterre en avait la moitié.

« Je commence par affirmer que nul autre peuple n'eût usé plus modérément d'un tel avantage pour l'emporter sur les autres : vous en verrez de nobles preuves.

« En nous donnant pour collègues les membres les plus honorés de son parlement, en nous donnant parmi ses savants illustres les Herschell, les Brewster, les Faraday, les de la Bèche, et vingt autres dont les noms sont européens, la Grande-Bretagne a montré la haute idée qu'elle avait conçue du tribunal international, du tribunal chargé de prononcer sur les inventions, sur les perfectionnements dus à 18,000 concurrents, dans toutes les parties des arts utiles et des beaux-arts.

« Parmi les membres de ce tribunal, la France ne comptait que pour un neuvième : cette minorité si faible, vous le voyez, n'avait, pour exercer de l'influence, qu'une action purement morale.

« Elle a puisé sa force dans la justice qu'elle a

rendue et qu'elle a fait rendre au mérite des étrangers : je puis, je dois en offrir un exemple mémorable.

« Le jury spécial des mécaniques était présidé, c'est tout dire, par M. le général Poncelet, que les Anglais avaient choisi.

« Lorsque le Conseil supérieur des présidents voulut savoir combien, pour ce seul jury, l'on demanderait de récompenses de première classe : 28, répondit M. Poncelet, dont 18 pour l'Angleterre. Une exclamation effrayante s'éleva contre l'apparence exorbitante d'une prétention pareille. Les ennemis systématiques des récompenses du premier ordre se promirent, à l'envi, de triompher d'une telle proposition, et s'apprêtèrent à l'assaut. Notre général du génie garda le même sang-froid que dans un siége. Il défendit pied à pied, comme une sape, l'éminence des inventions offertes par les étrangers, sans négliger les Français; et, sur 28 récompenses contestées, il obtint raison pour 22, dont 15 furent données à l'Angleterre.

« Cependant, comme il n'est rien de complet ici-bas, par un de ces oublis trop rares dans le siècle où nous vivons, l'illustre juré français avait négligé les droits d'une machine admirable : c'était sa propre roue à la Poncelet, qui méritait la récompense de premier ordre. Voilà pour l'honneur de la

France; voici pour l'honneur de sa rivale. (Vifs applaudissements.)

« Le dernier jour des jugements en dernier ressort, réservé pour les seules récompenses d'un ordre supérieur qui restassent à décerner, messieurs les présidents, après avoir donné la palme à la France, au sujet de la lutherie, pour le piano, pour la harpe, pour le violon et pour les instruments de cuivre, n'admirent pas notre seul candidat pour l'exécution de l'orgue : ils préférèrent tour à tour trois concurrents anglais. Le vote achevé, les titres de ces derniers, mis en parallèle avec ceux du premier, ne nous semblèrent pas supérieurs.

« Nous osions à peine réclamer un retour sur les mérites respectifs; nous le demandions comme le signe d'une amitié fondée sur l'estime et cimentée par la justice. Les présidents étrangers ne rougirent pas, comme on l'eût fait en d'autres assemblées, de se déjuger : ils annulèrent à l'instant leur propre sentence et donnèrent à la France la dernière palme qu'ils aient votée. Voilà le plus cher et le plus noble souvenir que j'aie rapporté d'Angleterre! (Adhésions unanimes.)

« Il faut à présent que je fasse valoir une autre nature de droits, qui n'a pas eu le même bonheur.

« Nous avons trouvé, chez les manufacturiers de la Grande-Bretagne, un étrange préjugé contre toute gradation de récompense et de mérite à l'égard des filatures et des tissus. On prétendait que de telles gradations occasionneraient des détriments infinis aux fabriques anglaises, les plus riches de l'univers! En vain, depuis un demi-siècle que nous accordons des récompenses graduées, nous montrions l'admirable progrès de Lyon, de Saint-Étienne et de Nîmes, de Rouen, d'Elbeuf et de Louviers, de Sedan, de Reims, de Mulhouse, et par dessus tout de Paris : nos raisons glissaient sur des esprits préoccupés.

« Manchester, Glasgow, Leeds, Preston et vingt autres cités nous déclaraient, par leurs mandataires, que leurs produits avaient droit à ne pas recevoir de distinction de premier ordre, en présence d'un second ordre; mais à condition que l'étranger n'en recevrait pas davantage. Elles s'exécutaient d'avance, pour exécuter autrui : c'était trouver le secret d'être partial avec impartialité. (Hilarité générale.)

« Sous la monarchie la plus constitutionnelle et la plus aristocratique, comme sous la république la plus démocratique, lorsque le peuple se passionne pour une idée quelle qu'elle soit, en invoquant sous un nom bien choisi son *Droit à l'erreur*, le plus chéri des Droits de l'homme à l'état d'aveuglement, la raison même doit céder. Un tel spectacle, si singulier aux yeux du sage et qui nous est si familier de ce côté de la Manche, nous l'avons eu pendant nos trois mois de résidence outre-mer.

« En vain se sont réunies les autorités des représentants les plus respectés de la Société royale de Londres et de l'Institut national de France ; elles ont échoué dans leurs efforts pour étendre à d'autres produits qu'aux produits des arts scientifiques et des beaux-arts, la distinction des récompenses commandées par les gradations du mérite et des services.

« Il y a donc eu, non pas excès, non pas abus dans le nombre de médailles de premier ordre ; mais, au contraire, suppression systématique pour toute une catégorie d'arts importants, et chez les Français et chez les étrangers.

« Vous n'avez pas voulu, monsieur le Président de la République, qu'une partie à la fois si nombreuse et si brillante de l'industrie nationale restât privée de sa part la plus élevée des récompenses dont elle est digne à tant de titres.

« Afin d'acquitter cette dette, que la France prend à sa charge, c'est avec la croix d'honneur que vous proclamerez la perfection des chefs-d'œuvre de tissus dont la beauté, la variété, l'élégance et la richesse ont jeté, sur le Palais de Cristal, un éclat qui donnait un nouveau prix aux flots de lumière circulant de toutes parts, dans ce temple de la féerie.

« J'ai toujours devant les yeux le moment, un peu tardif au gré de notre impatience, où les apprêts de la France achevés montrèrent enfin, au dessus d'un rez de chaussée rempli des chefs-d'œuvre de Paris, soixante mètres de façade occupés par nos admirables soieries, avec ces mots superflus écrits en tête : *Lyon, Lyon, Lyon.* On voyait ces soieries pressées, gênées les unes contre les autres, par bandes verticales, étroites, avares : tant il fallait épargner la place pour suffire à de tels trésors.

« Tout à coup, des deux côtés de la plus grande galerie, en avant de cette ligne éblouissante, dix-huit drapeaux uniformes sont hissés à la fois, et font briller, sous la voûte de cristal, les trois plus vives couleurs de notre iris nationale. Ah! nous avons à l'instant senti la victoire crier dans nos cœurs : La France! voilà la France! (Tonnerre d'applaudissements)... voilà la grâce et la splendeur de la France! Et la victoire était vraie dans le Palais de Cristal, comme elle l'eût été dans tous les palais du monde.

« A côté du triomphe de Lyon, un mot sur une seule industrie de Paris.

« Les beaux-arts dignement sentis élèvent l'âme ;

ils préservent le cœur des bassesses de l'envie. Le jury des métaux précieux était présidé par un Mécène français, le duc de Luynes, élu rapporteur par acclamation, comme on eût élu Winckelmann ou Quatremère de Quincy. Le dernier jour, chaque juré des diverses nations apporta sa liste de récompenses ; tous se trouvèrent avoir mis au premier rang un même nom, celui de M. Froment-Meurice. Cependant, parmi ses juges, notre Benvenutto Cellini comptait d'éminents rivaux. Messieurs, les jurés français seront fiers à jamais d'avoir eu de tels collègues.

« Je terminerai cet exposé, si court, par un acte de réparation généreuse, auquel s'associera, j'en suis certain, tout ami de la justice et de l'honneur.

« Un artiste a commencé par être petit ouvrier en métaux ; il a, par degrés, appris à façonner, à composer les instruments les plus délicats de la chirurgie ; il est devenu l'élève, l'auxiliaire, disons mieux, le coopérateur de nos plus ingénieux chirurgiens. Cet artiste, apprécié par le jury spécial de chirurgie, à l'Exposition universelle, s'est vu placer, de prime abord et d'une voix unanime, au premier rang dans son art.

« Loin du sol de l'Angleterre, je ne veux pas, je ne dois pas me souvenlr par quel miracle de programme subséquent M. Charrière a pu cesser d'être inventeur? et comment l'unanimité favorable s'est transformée en suffrage négatif? J'affirme à la face de mon pays que, dans la conscience intime des trente-six jurés français et de l'Institut national de France, comme de l'Académie de médecine et de chirurgie, M. Charrière est encore dans son genre, ce qu'il était avant et pendant l'Exposition universelle, le premier artiste de l'Europe. (Applaudissements unanimes.)

« Vous avez traduit devant vous, monsieur le Président, notre appel à la justice, et vous avez vérifié des droits irrécusables.

« Vous avez résolu, d'après votre jugement et d'après votre cœur, je le sais, qu'entre les récompenses élevées que l'industrie va recevoir, la première viendra décorer la poitrine de l'ancien ouvrier Charrière; il sera le premier des industriels créés par vous officiers de la Légion d'honneur. Ah! croyez-moi, l'Europe savante et généreuse applaudira, comme la France, à cette réparation magnanime autant que juste. (Bravos prolongés.)

« Au nom de tous les membres du jury central de 1849 et du jury spécial de 1851, agréez, monsieur le Président, l'expression de notre reconnaissance pour ce nouvel ordre de récompenses.

« Un dernier mot aux exposants qui, sans être arrêtés par la difficulté des temps, sont allés avec courage sur le terrain du défi. Nous avons été pour vous, Messieurs, moins les guides que les serre-files qui vous poussaient à la victoire. Nous avons pu quelquefois n'être pas heureux dans nos efforts pour conquérir les rangs auxquels vous aviez droit; mais nous n'avons jamais failli par le zèle ni par le cœur.

« De l'autre côté de la mer, exposants et jurés, nous étions, vous et nous, dix-huit cents amis, animés d'un même amour de notre pays et de sa gloire. Bénissons, pour vos succès, la Providence qui tient dans ses mains le progrès des nations, et leur décadence! Conjurons-la de répandre votre esprit d'union sur la patrie tout entière. Conjurons-la de nous rendre la concorde, qui fait les peuples durables; de nous conserver la mémoire et la prévoyance, ces deux trésors de la sagesse, que nous perdons d'ordinaire au moment des destins suprêmes; de nous garantir enfin cette sécurité sociale qui, seule, permet aux sciences, aux lettres, aux arts, d'étendre l'empire de leurs bienfaits, et de reculer les bornes de l'esprit humain, en bâtissant sur la route des monuments immortels. » (Tonnerre d'applaudissements.)

OUVRAGES DE L'AUTEUR,

EN FAVEUR DES CLASSES OUVRIÈRES

ET DES CHEFS D'INDUSTRIE.

Discours et leçons sur l'histoire, le commerce et la marine, et sur les sciences appliquées aux arts. Paris, 1825, 2 vol. in-8.

Géométrie et mécanique des arts et métiers et des beaux-arts; cours normal à l'usage des artistes et des ouvriers, des sous-chefs et des chefs d'ateliers et de manufactures, professé au Conservatoire des arts et métiers. Paris, 1825 et 1826. 3 vol. in-8. — Un volume *sur la géométrie*, un *sur les machines*, un *sur les forces motrices* de l'homme, des animaux, etc.

Tableau des arts et métiers et des beaux-arts, présenté pour servir à propager l'institution des cours de géométrie et de mécanique appliquées aux arts dans les villes de France. Paris, 1826, in-8.

Effets de l'enseignement populaire de la lecture, de l'écriture et de l'arithmétique, de la géométrie, de la mécanique appliquées aux arts, sur les prospérités de la France; discours prononcé dans la séance d'ouverture du cours normal de géométrie et de mécanique appliquées, le 30 novembre 1826, au Conservatoire des arts et métiers. Paris, 1826, brochure in-8.

Carte indiquant par teintes plus ou moins noires le degré d'enseignement primaire des divers départements, offerte à l'exposition de l'industrie de 1827.

Conclusion des recherches statistiques sur les rapports de l'instruction populaire avec la moralité des diverses parties de la France. Paris, 1827, in-8.

Situation progressive des forces productives de la France depuis 1814. Paris, 1827, *huit éditions* in-4 et in-8.

Éloge du duc de la Rochefoucault, fondateur des caisses d'épargne en France, prononcé à ses obsèques, le 30 mars 1827. Paris, 1827, in-4.

Forces productives et commerciales de la France. Paris, 1827, 2 vol. in-4 et 2 cartes.

Le petit producteur français. Paris, 1827-1828, 5 vol. in-18.

Invitation aux dames de Castres pour l'établissement d'une salle d'asile. Paris, 1828, brochure in-18.

Appel aux ouvriers français, pour les engager à ne pas briser les machines productives. Août 1830.

Discours sur le sort des ouvriers, considéré dans ses rapports avec l'industrie, la liberté et l'ordre public; prononcé dans la séance de clôture de son cours, le 19 juin 1831. Paris, 1831, in-18.

Éloge de Chaptal, membre de l'Institut et pair de France. 1832.

Harmonies des intérêts industriels et des intérêts sociaux, pour servir d'introduction à l'enseignement du Conservatoire des arts et métiers. Cours de 1833, in-18.

Adresse aux chefs d'atelier composant l'association des mutuellistes lyonnais. Paris, 1834. Cette adresse, réimprimée à Paris et à Lyon, donnait aux classes industrieuses de cette cité des conseils dont les tristes événements arrivés peu de temps après ont démontré la prévoyance et la raison.

Cinq rapports faits à la Chambre des députés, sur les projets de lois en faveur des caisses d'épargne et contre les jeux de hasard. 1834, 1835 et 1836.

Rapport du jury central sur les produits de l'industrie française exposés en 1834. Paris, 1836 et 1837, 3 vol. in-8. Le premier volume, comme introduction, contient l'*Histoire de l'industrie nationale depuis l'origine de la révolution française*.

Organisation progressive de la marine française, analyse des quatre rapports sur les budgets de la marine pour 1833, 1834, 1835, 1836, avec le rapport sur la loi organique des colonies françaises. Paris, 1836.

La caisse d'épargne et les ouvriers (1), leçon donnée au Conservatoire des arts et manufactures, le 22 mars 1837. Paris, 1837, in-18. Ce discours combattit avec succès la crise d'une panique qui précipitait les demandes de remboursement, et menaçait l'institution.

(1) Cet écrit, publié à 60,000 exemplaires, a contribué puissamment à faire cesser la panique des déposants et les retraits qu'ils faisaient de leurs fonds déposés.

Rapport fait à la Chambre des pairs, *sur l'organisation des monts-de-piété,* leur véritable influence et les améliorations qu'on peut apporter à ces institutions. Janvier 1838, in-8.

La morale, l'enseignement et l'industrie, discours prononcé pour l'ouverture du cours de géométrie et de mécanique appliquées aux arts, au Conservatoire des arts et métiers, le 2 décembre 1838. Paris, 1838, in-18.

Crise commerciale de 1839, examinée dans ses causes, son étendue, et les moyens d'y mettre un terme; discours prononcé le 7 avril 1839, au Conservatoire.

Historique de l'enseignement industriel et de son influence sur le sort du peuple, de 1819 *à* 1839, présenté par M. le baron Charles Dupin, lors de l'ouverture des nouveaux cours du Conservatoire, le 15 décembre 1839.

Du travail des enfants qu'emploient les ateliers, les usines et les manufactures, considéré dans les intérêts mutuels de la société, des familles et de l'industrie; contenant le rapport à la Chambre des pairs et la discussion sur la loi destinée à régler cette matière, etc. 1 vol. in 8, 1840.

Conseils adressés aux ouvriers parisiens, au sujet des coalitions et des troubles des mois d'août et septembre 1840. In-32, Paris, 1840.

Vie d'un bienfaiteur du peuple, M. de la Rochefoucault, duc de Doudeauville. 1841.

Éloge du maréchal Moncey; fait à la Chambre des pairs,

1843. Une édition de cet éloge est publiée pour l'enseignement des écoles régimentaires de l'armée.

Deux nouveaux rapports sur le projet de loi relatif au travail des enfants dans les manufactures. 1841 et 1847.

Constitution, histoire et avenir des caisses d'épargne de France. Paris, 1844, 1 vol. in-12.

Discours sur la liberté de l'enseignement secondaire, à la Chambre des pairs. 1846.

Discours pour présider la séance annuelle des orphelins d'ouvriers, en 1843, 44, 45, 46, 47, 48.

Rapport à l'Académie des sciences sur les établissements de charité publique dans Paris. 1845.

Discours sur les prix donnés aux meilleurs contre-maîtres par la Société d'encouragement. 1846.

Eloge de Gambey, ancien ouvrier, fait au nom de l'Académie des sciences, en présence des ouvriers du faubourg Saint-Antoine. 1847.

Eloge du bienfaiteur des caisses d'épargne, M. Benjamin Delessert. 1847.

Discours aux ouvriers du faubourg Saint-Antoine, prononcé le 12 mars 1848, au Conservatoire.

Rapport à l'Assemblée nationale sur les pensions des ouvriers de la marine. 1848.

Discours prononcé pour défendre les intérêts menacés de l'industrie, dans la séance générale de la Société d'encouragement, le 15 mars 1848.

Exposé de la situation de l'industrie française, *en mars et avril* 1848, rédigé par M. Charles Dupin, au nom de la Société d'encouragement, pour protester contre les doctrines dissolvantes des réformateurs socialistes; publié par la société, pour être remis à tous les membres de l'Assemblée constituante, le 1er jour de leur réunion. Paris, in-4°. 1848.

Tableau des souffrances de l'industrie parisienne, discours prononcé devant la société pour le placement des orphelins, le 2 juillet 1848.

Le 23 juillet 1848, le chef du pouvoir exécutif propose à M. Charles Dupin, alors président de l'Académie des sciences morales et politiques, d'engager cette Académie à publier des traités populaires qui puissent réfuter les doctrines antisociales. Ces traités sont entrepris, et M. Charles Dupin reproduit, avec peu d'additions, le tableau tracé précédemment en 1840, sous le titre de *Bien-être et concorde des classes du peuple français*. C'est la peinture prophétique des calamités accomplies huit années après.

Réponse à M. Pierre Leroux pour réfuter ses doctrines et ses attaques contre les manufacturiers, au sujet des heures de travail. 31 août 1848.

Défense de la dotation contestée à l'école des orphelines de la Légion d'honneur. 5 décembre 1848.

Enseignement et sort des ouvriers et de l'industrie, avant, pendant et après 1848; leçon d'ouverture du cours de 1849 au Conservatoire, prononcé le 17 décembre 1848.

Eloge de Gaspard Monge, fondateur de l'École polytechnique, prononcé pour l'inauguration de sa statue, à Beaune, le 2 septembre 1849.

Rapport et discours pour réfuter le système de M. Pelletier, sur l'extinction de la misère et l'abolition du prolétariat. La majorité conservatrice, à l'Assemblée législative, a fait imprimer à 20,000 exemplaires et distribuer dans tous les départements ce discours prononcé le 9 octobre 1849.

Tableau de l'Industrie nationale en 1849, discours prononcé lors de la distribution solennelle des récompenses pour l'exposition de 1849, le 11 novembre 1849.

Rapport au Conseil général d'agriculture sur les questions du travail dans les manufactures. 1850.

Rapport d'inspection de l'Ecole des arts et métiers d'Aix. 1850.

Défense des écoles d'arts et métiers pour repousser les réductions demandées par la commission du budget 1850. Malgré les efforts de l'éloquent M. Berryer, cette défense atteignit son but : les écoles gardèrent leur dotation et cessèrent d'être attaquées.

Appel aux industriels français, pour représenter dignement notre industrie à l'exposition universelle. 1850.

Trois lettres écrites de Londres et publiées par le JOURNAL DES DÉBATS *pour défendre l'institution des caisses d'épargne.*

contre la proposition de réduire à moitié le montant des dépôts. 1851.

Six discours prononcés en Angleterre, dans les réunions publiques, au nom des jurés des nations étrangères, par M. Charles Dupin, président de la commission française; juin, juillet, août 1851.

Discours prononcé le 25 novembre, dans la séance solennelle de la distribution des croix et des récompenses aux industriels français, concurrents de l'Exposition universelle. 1851.

Rapport sur les travaux de la Société d'encouragement, avec l'éloge de MM. de Gérando et Francœur, ses anciens vice-présidents, depuis 1802 *jusqu'à* 1852, par M. Charles Dupin, secrétaire général de la Société.

www.ingramcontent.com/pod-product-compliance
Ingram Content Group UK Ltd.
Pitfield, Milton Keynes, MK11 3LW, UK
UKHW021122260726
13994UKWH00002B/963